AF243041

25.

NOTICE

SUR UNE

JEUNE NÉGRESSE

EXTRAIT

D'UNE

LETTRE-CIRCULAIRE

du 1er Monastère

de la Visitation Sainte-Marie d'Annecy,

datée du 28 décembre 1875.

ANNECY

ANCIENNE IMPRIMERIE CH. BURDET

J. NIÉRAT & Cᵒ, SUCCESSEURS

1876

VIVE ✝ JÉSUS !

Notre lettre-circulaire était imprimée lorsque notre Bienheureux Père (saint François de Sales) a voulu cueillir une fleur transplantée des déserts brûlants de l'Afrique à l'ombre de son saint Tombeau.

Le digne P. Blaise Verri, successeur du vénéré P. Olivieri, si connu par son zèle pour le salut des *nègres*, fut pour notre petite Marie l'instrument des infinies miséricordes du Seigneur ; après l'avoir arrachée à la barbarie et lui avoir inculqué les premiers éléments de la civilisation et de la vie chrétienne, il la conduisit à Annecy, en 1869. Sa première pensée avait été de la placer dans le nouveau couvent de l'Immaculée Conception ; mais le cocher de l'omnibus répondit vivement à cette indication : « Non, non pas à « l'Immaculée Conception, à la *Visitation.* » De même que saint François de Sales reconnut l'organe de la Providence dans la décision du batelier qui devait lui faire traverser le Rhône, de même aussi le digne P. Verri crut voir dans l'obstination du conducteur une invitation de notre bon Saint lui-même. Lorsqu'il se présenta au parloir avec son intéressante protégée, celle-ci courut la première à la grille et s'écria : *Moi, ici, maison de la sainte Vierge.* Elle avait alors entre neuf et dix ans. Le zélé missionnaire plaida charita-

blement et efficacement sa cause ; mais notre très-
honorée sœur Déposée, alors en charge, hésitait, re-
doutant les désagréments que le séjour de jeunes
négresses a causés à quelques maisons religieuses ; le
bon Père ne tarda cependant pas à la décider, assu-
rant que si l'on suivait à l'égard de l'enfant la ligne
de conduite qu'il tracerait, ces désagréments seraient
évités. Il sembla même que notre sainte Fondatrice
voulut, du haut du ciel, donner son assentiment à cette
charité, car notre petite Marie ayant aperçu son ta-
bleau dans l'église se prit à exclamer : *Ai vue, ai vue,
et m'a dit : Toi, entreras dans ma maison ; toi, seras
aimée.* Ce fut sous cette douce impression que cette
âme prévenue de la grâce, même avant son baptéme,
entra dans notre monastère ; sans que personne le
lui eût suggéré, sa première action fut de se mettre à
genoux à la porte de clôture, et de baiser la terre de
ce lieu où elle devait puiser la sève de la grâce et de
l'immortalité, être entée sur Jésus-Christ comme un
rameau de bénédiction.

Dès le premier jour, nous suivîmes exactement les
avis du digne P. Blaise : point de caresses, jamais de
parloir, ni de rapports avec les pensionnaires, pas de
vin, rien de ce qui peut développer les passions et la
vanité ; surtout, avait ajouté le Père, laissez-la toujours
dans sa condition en l'employant seulement au service
et au travail manuel.

Cette chère petite comprenait cependant que la
promesse de notre sainte Fondatrice se réalisait : *Là,
on t'aimera bien.* Sans lui parler en particulier, sans

la flatter, chacune de nous voyait avec intérêt cette âme arrachée des bras de l'idolâtrie pour être placée dans le Cœur de Jésus. Elle était précisément entrée le premier vendredi de mars. L'éducation sérieuse, douce et suivie que lui donnait une de nos respectables Sœurs anciennes, à qui elle était confiée, servit beaucoup à former son caractère naturellement bon, mais sans aucune culture. Il fallut imaginer mille moyens pour lui donner de la religion une instruction suffisante ; enfin elle fut jugée capable de recevoir le baptème le Samedi-Saint, et Monseigneur notre vénéré Prélat voulut bien le lui conférer, espérant lui donner une idée plus juste et plus haute de l'importance de ce sacrement ; son âme l'avait saisie, aussi malgré le peu de connaissance de notre langue, elle répondit avec une fermeté et une netteté admirables aux questions adressées aux catéchumènes, et sa voix prit une expression plus touchante encore lorsqu'elle prononça l'Abrenuntio et récita le Credo. Nos saints Fondateurs s'abaissaient sans doute vers l'heureuse prédestinée, et semblaient lui donner, par cette première grâce, le gage d'une seconde adoption qui devait compléter le bonheur de la première. Peu de semaines après elle s'approcha de la divine Eucharistie, et dès lors on put admirer en elle l'action de la foi et de la charité répandues dans son âme par le Saint-Esprit, et l'effet de la promesse du divin Maître : *Nous viendrons en lui et nous ferons en lui notre demeure.* A dater du jour de la régénération, cette âme innocente jouit d'une intime présence de Dieu, et tout en aidant aux Sœurs domestiques, selon que son âge le comportait, elle passait ses jours dans une prière continuelle. Semblable au néophyte qui ne croyait pas qu'on pût perdre la grâce reçue au baptême, elle dit, tout étonnée, longtemps après la réception de ce sacrement : *Aujourd'hui j'ai eu des idées qui ne sont pas du bon Dieu.* La Passion de Notre-Seigneur surtout l'attendrissait jusqu'aux larmes, le souvenir de son pays, que nous croyons être les déserts du Sahara, et qu'elle voyait couvert des ténèbres de l'idolâtrie, lui faisait encore mieux comprendre le prix infini de notre Rédemption et de la particulière élection dont elle était l'objet : *Quelle affliction,* s'écriait-elle parfois, *ma pauvre mère ne connaît pas Notre-Seigneur !* Il nous était défendu de la faire causer sur le passé ; cependant, il lui échappa quelques détails, et son cœur délicat se rappelait encore la parfaite intelligence qui régnait entre ses parents, la pauvreté et les douleurs qu'elle avait partagées avec eux. Placée jeune chez un maître barbare, elle estimait une bonne fortune lorsque des coups de bâton n'assaisonnaient pas son maigre repas. Un jour entre autres que, pressée par la faim, elle s'était avisée de boire du lait de ses brebis, elle fut accueillie avec un redoublement de cruautés, et peut-être est-ce de cette époque que date une sorte de déboîtement à la hanche dont elle se ressentit toujours. Une autre fois qu'elle n'avait pu satisfaire assez promptement les exigences de son brutal maître, il lui envoya chercher une corde, et la prenant par une jambe, l'attacha à un arbre, et lui déchargea des coups si rudes qu'elle faillit y succomber.

Peu après elle fut encore traitée plus indignement : un chameau, venant à passer, lui donna un violent coup de pied qui l'atteignit au front ; le sang aussitôt coula si abondamment que la pauvre petite tomba évanouie. Sa mère la crut morte et l'abandonna. Mais les bons Anges qui veillaient avec amour sur cette infortunée créature, conduisirent les pas d'une femme étrangère à l'endroit même où l'on se préparait à cacher en terre le petit corps inanimé. Un léger mouvement des paupières attira cependant son attention, vite elle donne des soins à l'enfant, et, grâce à la fraîcheur du linge mouillé qu'elle lui applique sur la figure, elle lui fait donner quelques signes de vie. La pauvre abandonnée avait donc cueilli de bonne heure le fruit du palmier du désert, l'humble patience ; néanmoins elle pouvait encore voir son père ; mais bientôt il fut faussement accusé de vol, et livré comme esclave à un homme qui le laissa mourir de faim. La malheureuse orpheline le pleura longtemps, et d'autant plus qu'elle ne savait pas encore dire : *Notre Père qui êtes aux cieux.* Ce qui augmenta sa douleur fut de retrouver, quelques jours après la sépulture, les débris du cadavre que les bêtes sauvages avaient arraché à la terre pour s'en repaître. Elle-même faillit plusieurs fois être la proie des animaux féroces, et ce ne fut que par une extrême agilité qu'elle échappa à leurs poursuites.

Mais il était un autre genre de poursuite que la pauvre enfant ne put pas toujours éviter, ce fut celle des Turcs. Plusieurs fois elle fut enlevée, vendue à diverses reprises, et sans qu'elle se rappelât trop les détails de sa mise en liberté, son cœur savait très-bien reconnaître en chacun de ces faits une assistance miraculeuse de la Providence qui l'avait délivrée maintes fois de la barbarie de maîtres inhumains.

Enfin, elle fut amenée esclave au Grand Caire, et de là conduite en Palestine, où le Dieu d'infinie miséricorde qui avait des pensers d'amour sur cette créature chétive et de petite apparence, qu'il avait rachetée à un si haut prix, lui avait réservé un affranchissement complet qu'elle obtint lorsqu'elle fut à l'abri dans une maison religieuse de ces contrées. Telle était son ignorance des notions les plus élémentaires de notre sainte religion, que la vue seule d'un crucifix, placé dans la chambre où elle passa la première nuit, lui causa les plus mortelles angoisses. Dans son étonnante sauvagerie, elle avait pris le divin Maître attaché à la croix pour le corps d'un petit enfant, et se dit, tremblante de frayeur : *Moi aussi fera mourir comme ça !!!* Chaque heure de cette nuit d'agonie lui parut plus pénible que toutes ses souffrances passées, car elle s'attendait qu'au réveil on viendrait la prendre pour la clouer à une croix. Grande fut sa surprise quand, au lieu des tourments qu'elle appréhendait si fort, elle se vit l'objet des plus tendres sollicitudes des religieuses qui l'avaient accueillie si charitablement.

Ces douloureux souvenirs du passé ne pouvaient s'effacer de l'âme aimante de Marie, et les lumières de la foi les transformèrent en un stimulant très-efficace pour la pratique de la vertu. Elle avait toujours souffert, l'Esprit-Saint lui apprit à souffrir pour Dieu, à retrancher les rejetons de la nature, et à travailler constamment contre sa volonté propre pour la rendre l'esclave du devoir et de la grâce. Parfaitement soumise à nos Sœurs domestiques, celles-ci pouvaient l'employer indifféremment à toutes sortes d'occupations, et c'était pour notre chère enfant une vraie jouissance de les prévenir et de leur aider autant que ses forces le lui permettaient. On l'avait pour un temps chargée de sonner le premier coup de matines; il arriva un soir, qu'étant souffrante, elle se retira plus tôt que d'ordinaire. A peine était-elle au lit que huit heures et demie arrivent ; sans balancer, Marie se lève et va en grande hâte accomplir sa charge. Jamais on ne put deviner ses goûts ou ses répugnances, soit pour la nourriture, soit pour le vêtement. Attentive à pratiquer la mortification en toutes choses, elle ne s'asseyait ni ne s'appuyait au chœur. Une de nos Sœurs, l'apercevant un jour qui prenait sa réfection à genoux, voulut en savoir la raison : *C'est, ré*pondit l'enfant, *viens de travailler au jardin et comme suis bien fatiguée, ai pas voulu m'asseoir tout suite.* Cette pratique lui fut dès lors assez ordinaire au commencement de ses repas. Une autre fois, comme on l'engageait à agir purement pour Dieu : *Oh !* répondit-elle, *c'est pas puis tant grand chose que la créature !...*

Jeune arbuste arrosé des eaux fécondes de la grâce, elle portait vraiment du fruit en son temps et savait seconder l'action divine. On ne saurait dire le soin qu'elle apportait à la réception du sacrement de Pénitence. Non contente de la faire précéder d'une recherche minutieuse de ses moindres manquements, elle avait inventé quelques signes d'écriture pour noter toutes ses fautes de la semaine ; une fois cependant on vint l'avertir pour la confession avant que son calcul fût achevé : *Ah ! dit-elle, voilà ce qui arrivera à la mort, il faudra partir sans y avoir assez pensé...* Il était rare qu'elle n'eût pas à chaque communion plus de cinquante ou soixante pratiques à offrir à Notre-Seigneur ; aussi ce divin Maître, qui prenait ses délices dans cette âme angélique, lui dévoilait, comme à son insu, la beauté des divins mystères et les douceurs de son amour infini. La méditation avait pour elle mille attraits, et lorsqu'on lui parlait de son titre d'Enfant de Dieu, ou des perfections de son doux et bon Jésus, on voyait son visage s'illuminer d'une joie toute céleste. Elle devint bientôt capable de faire chaque année cinq jours de retraite. Pendant ces exercices, rendant compte à sa maîtresse, elle lui dit naïvement : *Vraiment, on ne sait pas si on est au Ciel ou sur la terre.*

Les travaux simples et grossiers auxquels on employait cette chère petite, le peu d'attention qu'on paraissait apporter à ses progrès, contribuèrent beaucoup à la garder naïve et pieuse ; mais, après cinq ans de séjour dans le monastère, notre adorable Maître lui dit au cœur la parole d'amour et l'attira à la vie religieuse. Marie, ainsi qu'elle l'avoua à notre très-honorée Mère, voulut elle-même éprouver sa vocation, et se promit de n'en pas parler de longtemps, afin de s'assurer si cet attrait persisterait. Au bout d'un an, elle formula son humble et ardent désir, mais sa persévérance dut subir une seconde épreuve.

Sa maitresse, pour s'assurer mieux encore des dispositions de sa fervente disciple, chercha les moyens de mettre sa vertu à l'épreuve par des réprimandes faites à temps et à contre-temps, en particulier ou en présence des Sœurs converses ; mais toujours elle trouva cette chère petite âme disposée à s'humilier plus encore qu'elle ne l'avait été. Ce n'est pas toutefois par insensibilité que Marie gardait le silence ; mais tel était le fruit qu'elle retirait de la pensée continuelle des souffrances de son Jésus, que jamais elle ne se plaignait de ce qui pouvait la peiner ou l'humilier. C'est par le même principe que jamais on ne put savoir s'il y avait parmi nos bonnes Sœurs domestiques un caractère peu sympathique au sien. Elle les honorait toutes également et ne les considérait que comme des épouses de son cher Seigneur Jésus.

Enfin, elle obtint au commencement de 1875 la faveur d'entrer au noviciat. Dès les premiers jours elle parut toute formée aux vertus religieuses, aucune pratique ne fut pénible à son esprit et à son cœur ; car dès son entrée, instruite par l'Esprit-Saint, elle s'y était accoutumée ; ainsi, sans que personne le lui eût suggéré, elle venait très-souvent, surtout avant la sainte communion, avouer à notre bonne Mère ce qui pouvait le plus l'humilier. Le divin Maître qui, en peu

de jours, voulait lui faire parcourir une longue carrière, lui inspirait une ferveur toujours croissante.
Attentive à toutes les explications que l'on donnait aux
novices, elle devint bientôt un modèle de fidélité, et
faisait même ressouvenir à ses compagnes de la cuisine
des recommandations de la Maîtresse des novices.
Peu après, on l'en reprit comme d'un défaut d'humi-
lité ; dès lors elle ne dit plus un mot, et son bon
cœur se contenta de souffrir lorsqu'elle voyait une de
ses Sœurs s'occasionner par oubli quelques désagréments. Si parfois on la reprenait elle-même de fautes
d'inadvertance, on voyait couler ses larmes, et notre
très-honorée Mère lui en ayant un jour demandé la
raison : *Je pleure*, répondit-elle, *parce que j'ai offensé
le bon Dieu*. A la lumière d'en haut, elle avait appris
à discerner avec une admirable justesse les mouve-
ments de la nature de ceux de la grâce. Pour elle,
jamais d'intervalle entre l'ordre reçu et son exécution,
ses petites charges lui devinrent sacrées. Elle se re-
prochait comme une grande faute la pensée qu'il aurait
été mieux de faire autrement que la Sœur jardinière
ne lui commandait dans un petit détail de culture ;
aussi les supérieurs, sûrs de sa fidélité, purent-ils
lui accorder avant son entrée au noviciat, la permission d'ajouter le *vœu d'obéissance* à celui de *chasteté*
qu'elle avait fait peu auparavant. La méditation de
Notre-Seigneur crucifié qui l'avait toujours attirée,
l'instruisait et l'éclairait progressivement sur le prix
de l'abnégation intérieure et des souffrances, et son
âme désira les mépris et les amertumes de son Jésus,

Les épreuves cependant ne l'atteignirent pas ; mais elle sut se rendre elle-même, dans sa généreuse simplicité, son propre sacrificateur, et depuis plusieurs mois notre fervente enfant avait sollicité la permission de se servir d'instruments de pénitences ; l'ardeur de son amour suppléait à ce qu'on ne lui accordait pas.

C'était surtout pour obtenir les lumières de la foi à son infortunée patrie, plongée dans les ténèbres de l'idolâtrie, que le cœur de la fervente enfant aurait voulu souffrir et s'immoler. Toutes ses privations tendaient à ce but ; rien ne lui coûtait quand elle se disait : *Le salut de ces pauvres âmes est peut-être attaché à cet acte de fidélité ;* aussi pouvons-nous dire que les trois dernières années de sa vie ne furent qu'une prière continuelle sur l'autel du sacrifice, où elle immola constamment au Seigneur toutes les plus légères satisfactions du corps et de l'esprit. La Maîtresse des novices était plus que surprise en voyant ses merveilleux progrès dans la pratique des vertus religieuses portées souvent jusqu'à l'héroïsme ; aussi se demandait-elle si cette humble prétendante pourrait supporter longtemps la ferveur qui la portait à n'accorder aucune satisfaction à la nature. C'était surtout aux approches de la fête de la Toussaint que la foi de cette petite prédestinée lui faisait endurer des souffrances plus intimes, *parce que,* disait-elle, *mes parents ne participent pas aux suffrages de la sainte Église !* Et là-dessus ses larmes coulaient, ses prières redoublaient, pour obtenir à ceux qu'elle avait laissés en proie aux horreurs du désert, des grâces de salut et de vie éternelle. Et lorsqu'on venait recommander à la Communauté la conversion de quelques pécheurs, ou que parfois les bonnes œuvres de la journée étaient destinées à obtenir le retour des infidèles, il ne se peut dire combien ces intentions rallumaient en la fervente enfant la flamme de zèle pour le salut des âmes. Il semblait à quelques-unes de nos Sœurs que le bienheureux P. Claver, apôtre dévoué des nègres, avait laissé tombé sur elle une étincelle du foyer de charité qui le consumait en faveur de sa malheureuse nation.

Et de la reconnaissance de notre chère Marie pour la Communauté, que n'aurions nous pas à dire ? Elle saisissait les occasions de l'exprimer à chacune de nous, avec ce tact que la grâce seule peut donner. Souvent, en rencontrant notre méritante sœur Déposée, sœur Marie se plaisait à lui rappeler que c'était Sa Charité qui l'avait reçue au Monastère, et à l'en remercier avec effusion. Dès qu'elle fut admise à son essai, cette très-honorée Sœur lui défendit tous ces témoignages de gratitude et lui enjoignit d'agir comme si elle ne lui avait rien été. *Ah ! ma Sœur*, répondit la chère enfant, *comment voulez-vous que j'oublie le passé ! ! ! N'est-ce pas à vous que je dois mon beau titre d'enfant de Dieu ?...* Elle avait aussi d'ingénieuses attentions pour la Sœur qui l'avait dirigée avant son entrée au noviciat ; longtemps à l'avance elle savait se munir de permission afin de lui préparer pour sa fête un bouquet de pratiques. Dans ces circonstances la délicatesse de son cœur lui inspirait des expressions et des sentiments dont on restait étonné et charmé.

Les belles fleurs de ce jeune arbrisseau cachaient le germe de fruits divins et dignes du Ciel ; notre Bienheureux Père les vit et voulut les cueillir. Peu de jours avant sa fête, notre petite Sœur Marie souffrit de violents maux de tête, accompagnés de souffrances presque universelles. Le premier soir qu'elle en fut atteinte, la Sœur Directrice l'envoya se coucher de bonne heure, et lui donna une bouillotte qu'elle devait appliquer contre les parties malades. Notre humble prétendante, habituée à prendre tout à la lettre, ne manqua pas de la mettre près de la tête, parce que les douleurs y étaient plus vives ; et comme on voulait lui persuader que cela aggraverait son mal, et qu'elle n'avait pas compris l'intention de sa Maîtresse : *Non, non,* répartit-elle, *l'obéissance !* Les symptômes devinrent de suite alarmants : la fièvre était forte et ôtait parfois à la malade sa présence d'esprit. Entourée des attentions les plus dévouées, elle semblait oublier tous ses maux pour témoigner sa vive reconnaissance : *Notre bonne Mère me fait trop soigner,* répétait-elle souvent, puis elle demandait à se lever pour aller aider à quelqu'une de nos Sœurs domestiques, ou pour vaquer à quelque exercice de piété. Entendait-elle la voix de notre Mère bien-aimée, cette bonne enfant retrouvait, au milieu même de son délire, un mot de respectueuse gratitude, de filiale tendresse. Nous étions émues de voir son cœur délicat se trahir à travers l'incohérence de ses idées, et la pensée seule de sa perte nous était un sacrifice ; toutes nous pouvions avouer que la première peine qu'elle nous causait était celle de nous quitter si tôt. Dans le principe de la maladie, notre chère petite Sœur avait encore de longs moments de calme, pendant lesquels on ne pouvait lui causer plus de consolation qu'en lui parlant de l'amour et des souffrances de Notre-Seigneur. Toujours attentive aux recommandations du noviciat, elle ne manquait pas de faire le signe de la croix avant de prendre les potions et les breuvages qu'on lui présentait. Un jour, après lui avoir administré un médicament fort désagréable, sa Maîtresse lui dit que plus tard on lui donnerait quelque chose de meilleur. *Oh ! non*, répondit-elle bien vite, *non pas ce que j'aime, mais ce que vous voudrez.*

Cette âme privilégiée, à peine à l'aurore de la vie, allait jouir bientôt du plein midi de la gloire. On la prépara à la réception du Saint-Viatique, sans toutefois lui laisser soupçonner la gravité du mal. Cette visite de son Dieu la combla de joie, et l'obéissance fut encore l'action de grâce qu'elle offrit à Jésus, modèle souverain de l'humble soumission. La Directrice lui avait recommandé de joindre les mains au moment de la communion ; la cérémonie était depuis longtemps achevée, et Sœur Marie, malgré les ardeurs de la fièvre, ne changeait pas de posture ; il fallut un ordre exprès pour révoquer la première obéissance. Peu après, elle dit à notre très-honorée Mère qui se plaisait à multiplier ses visites auprès d'elle : *Ma Mère, je n'espère pas mourir, parce que je ne suis pas assez malade pour cela ; mais si le bon Dieu me faisait cette miséricorde, je vous supplie de me donner le saint habit.* Le divin Époux voulait lui accorder plus encore. Il vint plusieurs fois préparer sa fiancée, par l'union Eucharistique, à l'union éternelle, et lorsqu'on n'eut plus aucun espoir de guérison, on lui accorda la faveur qu'elle ambitionnait au-dessus de toutes, celle de faire nos saints vœux. Elle ne put, hélas ! revêtir nos saintes livrées qu'après la mort, mais son âme portait encore la blanche et éclatante robe de son baptême, puisque, au jugement de M. notre confesseur, elle n'avait pas à se reprocher depuis lors un péché véniel de propos délibéré. Ce fut donc parée des lys de l'innocence et de la ferveur qu'elle alla, le 8 février, chanter les éternelles miséricordes de Celui qui l'avait appelée des ténèbres de l'idolâtrie à l'admirable lumière de son amour, et l'avait soustraite aux labeurs de l'esclavage pour la faire entrer dans l'éternelle demeure de son Cœur adorable.

Puisse la chère enfant obtenir l'extension de l'Œuvre admirable du rachat des *négresses,* œuvre qui fut pour elle l'instrument des miséricordes du Seigneur... Puissent les rayons bienfaisants du Soleil de Justice aller éclairer tant de pauvres âmes tristement assises dans les ténèbres et à l'ombre de la mort... C'est un des vœux les plus ardents de notre saint Pontife Pie IX, qui, non content de prodiguer au R. P. Verri les plus paternels encouragements, a voulu témoigner de sa bienveillance, pour l'Œuvre si éminemment catholique à laquelle il se dévoue, en lui continuant les faveurs spirituelles dont avait été honoré le vénérable P. Olivieri ; c'est-à-dire *la bénédiction apostolique* et *l'in-*

dulgence plénière, à l'heure de la mort, pour tous les Bienfaiteurs de l'Œuvre, et pour les Communautés religieuses qui voudraient bien se charger de ces pauvres créatures délivrées d'une double captivité.

Puisque, selon l'Apôtre, *celui qui sauve une âme assure le salut de la sienne propre,* qui ne voudrait pas faire quelques légers sacrifices, s'assurer la bienveillance du Juste, au moment du redoutable passage ? Qui ne voudrait se faire des amis, afin d'être reçus par eux dans les Tabernacles éternels ? Ces pauvres enfants, dont le premier âge a été marqué de tant de tribulations, fournissent bien rapidement leur carrière : on dirait qu'elles ont hâte d'aller intercéder au Ciel pour leurs bienfaiteurs, en rappelant au divin Maître son immuable parole : *Tout ce que vous ferez au plus petit des miens, c'est à moi que vous le ferez.*

Le 1er Monastère de la Visitation d'Annecy sera heureux de coopérer au développement d'une Œuvre si admirable, en recueillant les offrandes qu'on voudra bien lui adresser à cette intention, et se chargera de les faire parvenir au R. P. Verri.

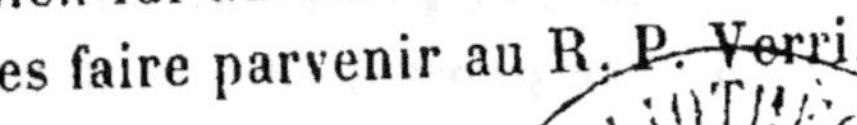

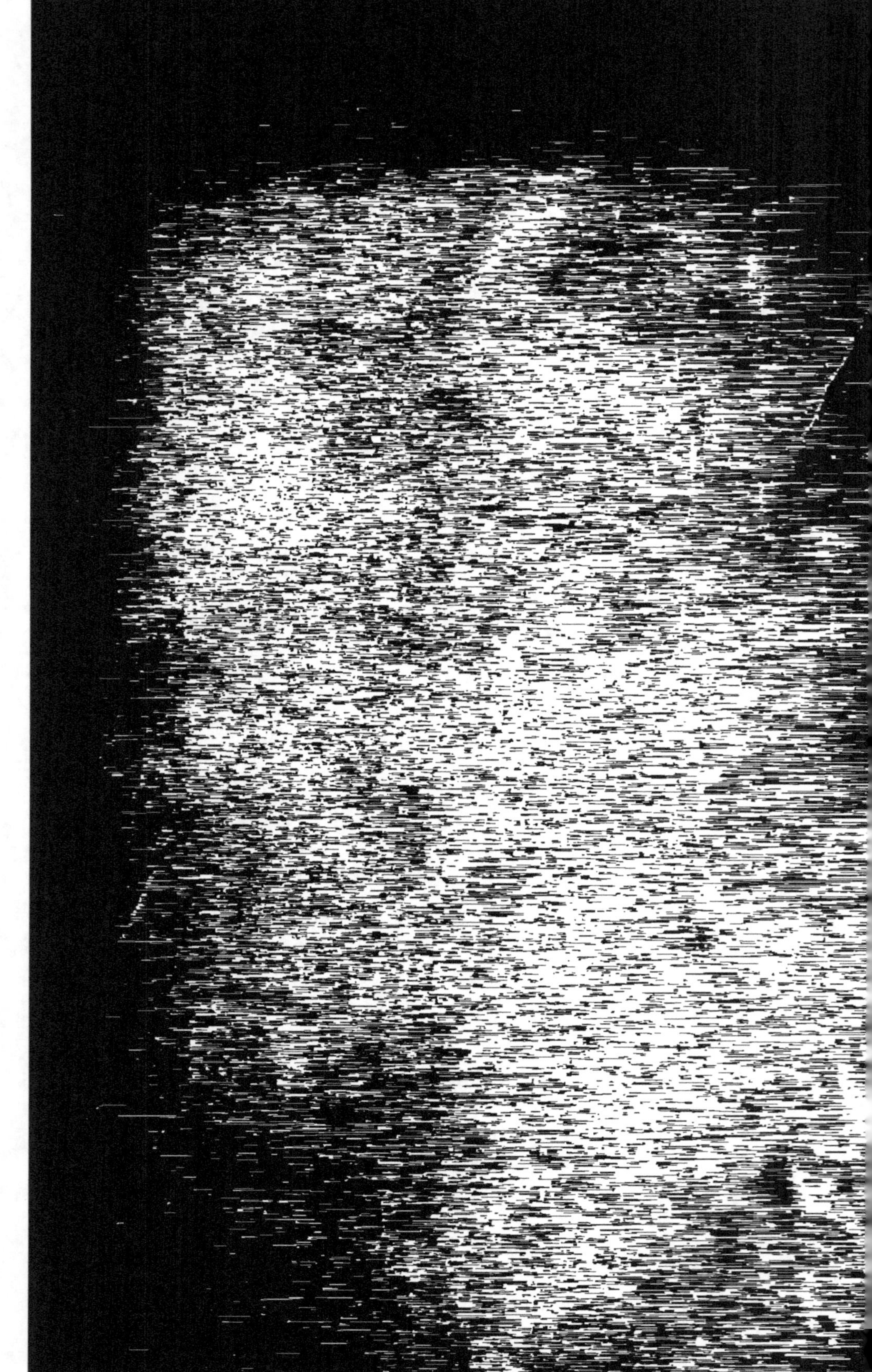

www.ingramcontent.com/pod-product-compliance
Lightning Source LLC
Chambersburg PA
CBHW061616050726
47595CB00007B/2989